Barbara Cratzius

Kommt zu unserem Weihnachtsspiel

Kurze Spielstücke für Kindergarten, Grundschule und Familie

CHRISTOPHORUS

Inhalt

Kommt zu unserem Weihnachtsspiel

Tipps rund ums Rollenspiel mit Kindern

1. Ein Spielstück zusammen mit den Kindern aussuchen. Wenn Sie eine Feierstunde im Advent oder kurz vor Weihnachten planen und ein kurzes Rollenspiel vorbereiten wollen, lassen Sie die Kinder Ihrer Gruppe bei der Auswahl des Stückes mitwirken. Sie können gemeinsam in diesem Buch blättern, sich von den Illustrationen inspirieren lassen und die Spielstücke zunächst einmal vorlesen.

2 . Die Kinder motivieren, Rollen auszuprobieren. Lassen Sie alle Kinder beim Vorlesen der Texte die Rollen zunächst einmal frei improvisieren. Es wird sich dann schnell zeigen, welches Kind gern in eine Tierrolle hineinschlüpft, ein Hirte, der Bischof Nikolaus oder ein Weihnachtsengel sein möchte. Geben Sie den Kindern Gelegenheit, sich in verschiedenen Rollen auszuprobieren, bevor sie die Rollen verteilen.

3. Rollen mehrfach vergeben. Besetzen Sie Rollen doppelt oder mehrfach, damit alle Kinder, die gern eine Hauptrolle übernehmen wollen, dies auch können. Sicherlich gibt es in der Vorweihnachtszeit verschiedene Gelegenheiten, zu denen das Stück aufgeführt werden kann: für alle Kinder aus dem Kindergarten oder die Nachbarklasse, für eine Advents- oder Weihnachtsfeier oder einfach, weil es allen so viel Spaß macht.

4. Ideen der Kinder aufgreifen und das Spiel abwandeln. Wenn die Kinder im Spiel eigene Ideen entwickeln, Rollen verändern oder Requisiten hinzufügen, ist das immer willkommen. Alle Stücke dürfen beliebig verändert oder erweitert werden. Für größere Gruppen kann beispielsweise die Anzahl der Mitspieler dadurch erhöht werden, dass längere Texte aufgeteilt oder Rollen chorisch gesprochen werden. Ebenso können Rollen hinzugefügt werden, wo dies erforderlich ist.

5. Den Spaß am Spiel erhalten. Spaß und Unbefangenheit im Spiel sollte das wichtigste Ziel jeder Aufführung sein. Seien Sie deshalb nicht allzu streng mit den auswendig gesprochenen Texten. Wer die Verse gelernt hat, weiß den Inhalt seiner Zeilen. Wem im Spiel die richtigen Worte nicht einfallen wollen, kann die Texte sinngemäß ergänzen.

6. Spielstücke vereinfachen. Nehmen Sie sich nur so viel vor, wie alle Kinder der Gruppe auch einbringen können. Kürzen Sie Texte oder streichen Sie eine Liedstrophe, wenn das Gelingen der Aufführung dadurch sicherer wird. Singen Sie mit allen Kindern und den Zuschauern ein bekanntes Advents- oder Weihnachtslied oder runden Sie die Veranstaltung durch eine Geschichte ab, die Sie für alle vorlesen, falls Ihnen die Darbietung des Weihnachtsspiels zu wenig erscheint.

7. Anerkennung geben. Ganz wichtig ist, die Leistung eines jeden Kindes und der ganzen Gruppe zu würdigen. Ob es eine kleine oder eine größere Rolle ist oder ein Kind im Bühnenhintergrund geholfen oder eine wichtige Requisite von zu Hause mitgebracht hat – alle haben zum Erfolg der Aufführung beigetragen. Am besten unterscheiden Sie gar nicht zwischen Haupt- und Nebenrollen, denn alle Rollen sind wichtig und in den meisten Stücken im Umfang auch sehr ähnlich. Der Applaus der Zuschauer ist für alle Spieler.

8. Das Erlebnis dokumentieren. Fotos oder selbst gemalte Bilder erlauben allen Teilnehmern, sich an das besondere Ereignis auch später noch besser zu erinnern. Am besten bitten Sie jemanden aus dem Elternkreis, bei einer Hauptprobe und bei der Aufführung ein paar Fotos zu schießen. Wenn Sie die Kinder ihre Erfahrungen im Bild gestalten lassen wollen, können Sie sowohl vor dem Spiel Anregungen zum Malen beispielsweise der Bühne oder der Kinder in ihren Kostümen geben oder im Anschluss an die Aufführung eine Szene aus dem Stück festhalten lassen.

9. Kostüme und Requisiten sammeln. Alle Weihnachtsspiele in diesem Buch kommen mit wenigen Kostümen und Requisiten aus. Oft genügt eine Wollmütze, ein weißes T-Shirt oder ein Hut, um ein Kind in einen Wichtel, ein Gänslein oder einen Hirten zu verwandeln. Dennoch ist es sinnvoll, übers Jahr in einer großen Kiste oder in einem alten Koffer Stoffe, abgelegte Kleidungsstücke und sonstige

Sachen zu sammeln, die für ein Spielstück geeignet sein könnten.

10. Eine Geschichte erzählen oder eine Legende vorlesen. Wer das Thema eines Spielstückes vorbereiten will, kann zur Einstimmung zum Beispiel die Geschichte vom Bischof Nikolaus erzählen oder vorlesen. Im Anschluss kann mit den Kindern über den Inhalt gesprochen werden, sie können Bilder dazu malen oder ein Lied für die Adventszeit lernen.

11. Erzähler als Spielleiter. In vielen Spielstücken gibt es einen Erzähler, der gleichzeitig auch der Spielleiter sein kann. Der Spielleiter koordiniert das Spiel, gibt Einsätze, fordert bei einem Lied alle Zuschauer zum Mitsingen auf oder hilft bei kleinen Pannen.

12. Kleine Pannen überbrücken. Auch für die übrigen Stücke sollte es immer einen Spielleiter geben. Vor allem kleinere Kinder stehen manchmal staunend stumm auf der Bühne, wenn plötzlich alle zuschauen. Das macht aber gar nichts, denn es darf immer etwas improvisiert werden. Im Übrigen wissen sicherlich alle Zuschauer, wie wunderbar schön, aber auch aufregend es ist, ein Weihnachtsspiel mit einer Kindergruppe aufzuführen.

St. Martin teilt seinen Mantel

Die Legende von St. Martin

Die berühmte Szene, in der der Soldat Martin durch die kalte Nacht reitet und mit einem Bettler seinen Mantel teilt, ist für Kinder eine der eindrucksvollsten Geschichten, an der sie mit Begeisterung teilnehmen. Im Anschluss an die kleine Szene kann der gemeinsame Laternenumzug beginnen.

Rollen
2 Kinder
St. Martin
Bettler

Vorbereitung
St. Martin trägt einen Helm und ein Schwert aus Pappe, einen Mantel aus einfachem Stoff und feste Schuhe. In ein Stück Tuch aus dem gleichen Stoff wie der Mantel ist eine Goldmünze gehüllt. Der Bettler bekommt eine alte Jacke und einen verbeulten Hut. Einige Kinder können Laternen tragen.

Durchführung
In der Mitte der Spielfläche kauert der Bettler, St. Martin nähert sich ihm langsam. Er reitet auf einem Steckenpferd. Die beiden Sprecher stehen in einigem Abstand zu beiden Seiten der Szene.

Im Anschluss an die Spielszene im Haus werden die Kerzen in den Laternen angezündet, ein gemeinsames Laternenlied stimmt auf den Zug durch die Straßen ein.

1. Kind
Wer reitet nachts durchs Land so spät
durch Eis und Schnee? Der Wind, er weht.

2. Kind
Schaut euch den Ritter Martin an!
Der Martin war ein guter Mann.

1. Kind
Wer hockt am Tor im tiefen Schnee?
Die Kälte tut ihm gar so weh!

2. Kind
Das ist ein armer Bettelmann,
hat keinen warmen Mantel an.

1. Kind
Vom Pferd herab der Martin steigt
und sich zum Bettler nieder neigt.

St. Martin
Du armer Mann, du frierst so sehr,
ich teile meinen Mantel, schau nur her.
Hüll dich ins weiche Tuch gleich ein,
es wird heut Nacht wohl noch mehr schnei'n.

Bettler
Hab Dank, du edler Reitersmann,
du schaust mich armen Bettler an.

St. Martin
Nimm auch das Goldstück und hab Mut!
Eine warme Suppe tut dir gut.

Alle
St. Martin, St. Martin, zieh voran,
du zeigst uns, wie man teilen und helfen kann.
Wir zünden die Laternen an,
St. Martin reitet uns voran.

St. Martin soll unser Bischof sein

Vom Versteck im Gänsestall

St. Martin war für seine guten Taten und sein hilfreiches Wirken schon zu seiner Zeit berühmt. Die Legende erzählt, dass sich dieser bescheidene Mann vor dem jubelnden Volk in einem Gänsestall versteckte, als ihm das Amt des Bischofs angetragen wurde. Das Spielstück kann in der Laternenzeit mit größeren Kindergruppen aufgeführt werden.

Rollen
Erzähler
St. Martin
Gänse
Hirtenjunge
7 Kinder als Menschen aus dem Volk

Vorbereitung
St. Martin trägt einen grauen Umhang, die Gänse weiße T-Shirts und gelbe Strumpfhosen. Der Hirtenjunge bekommt einen Pullover, eine Wollweste und einen Hut, die Menschen aus dem Volk tragen normale Kleider.
Als Requisiten können Häuserfassaden, ein Stall mit einem großen geöffneten Tor und Büsche aus großen Pappkartons geschnitten und bemalt werden.

Durchführung
Im Hintergrund der Bühne stehen die Häuser und Büsche. Der Stall steht seitlich im Vordergrund, damit sich der heilige Martin dort verstecken kann. Zunächst flattern einige Gänse zusammen mit dem Hirtenjungen auf die Bühne, dann treten die Kinder gemeinsam auf und der Erzähler beginnt.

Erzähler

Kennt ihr die Geschichte von St. Martin? Er war Bischof von Tours und hat viel Gutes getan. Er war ein sehr bescheidener Mann. Als er zum Bischof ernannt wurde, hat er sich vor den Menschen, die ihn feiern wollten, in einem Stall bei den Gänsen versteckt.

1. Kind klopft an eine Haustür

In vielen Häusern fragten wir:
Ist wohl der brave Martin hier?

2. Kind schaut hinter den Büschen nach

Wir schauen hinter allen Hecken.
Er kann sich doch nicht hier verstecken!

3. Kind

Wir suchen schon lange in dieser Stadt.
Wer wohl den Martin gesehen hat?

4. Kind

Er ist ein hilfreicher Mann.

5. Kind

Er hat Gutes getan.

6. Kind

Er hilft den Menschen, tagein, tagaus,
er geht zu den Kranken in jedes Haus.

7. Kind

Er kennt unser Leiden und unsere Not,
er hilft uns allen als Bote von Gott.

Alle Kinder

Martin soll unser Bischof sein!
Martin, Martin, wo bist du?

St. Martin schleicht geduckt herbei und sucht nach einem Versteck

Ich schleiche fort in dieser Nacht,
ich fürchte mich vor Glanz und Pracht.
Ich fliehe vor der großen Ehr.
Das Bischofsamt, das ist zu schwer.
Ich diene meinem Gott allein,
ich will kein mächtiger Bischof sein.

Er kriecht in den Gänsestall und schließt das Tor.

Hirtenjunge

Schnell, ihr Gänse, die Nacht bricht an,
der böse Fuchs schleicht schon heran.
Doch was ist das? Was seh ich hier?
Da ist geschlossen eure Tür!
Ich will sie öffnen, weit, ganz weit!
Für euch, ihr Gänse, ist Schlafenszeit.

Die Gänse laufen schnatternd umher. Der Hirtenjunge öffnet das Stalltor und entdeckt St. Martin im Stall.

Hirtenjunge

Ihr Menschen, kommt doch alle her.
Der Bischof ist hier, nun sucht nicht mehr!

Alle Kinder laufen herbei

Hoch! Hoch! Martin soll unser Bischof sein!

St. Martin kommt aus dem Stall

So gehen wir auf Gottes Wegen,
es führt uns alle des Herren Segen.
Ich bleib nicht einsam und allein,
ich will fortan euer Bischof sein.

Hirtenjunge und alle Kinder wenden sich St. Martin zu

Du bist der Bischof unserer Stadt,
die niemals einen besseren hat.
Wir folgen dir, du Gottesmann.
Du ziehst nun unserem Zug voran.

St. Martin geht voran von der Bühne ab. Alle Kinder und auch die Tiere folgen ihm.

St. Nikolaus ist ein guter Mann

Die Legende vom Bischof Nikolaus

Dieses Spiel ist für größere Gruppen geeignet, da mehrere Seeleute und viele Menschen aus dem Volk auf der Bühne Platz finden sollten. Außerdem können auch die Rollen der drei Kinder von mehreren Kindern chorisch gesprochen werden. Das Spiel kann zu einer Nikolausfeier aufgeführt werden, bei der anschließend vielleicht sogar der Nikolaus tatsächlich an die Tür pocht, um seine Geschenke zu verteilen.

Rollen

Erzähler
3 Kinder als Menschen aus dem Volk
Nikolaus
Kapitän
Seeleute

Vorbereitung

Der Nikolaus trägt einen roten Umhang und einen Bart aus Wolle oder Watte. Seine Mitra kann aus rotem Tonkarton gebastelt werden. Für die Seeleute liegen einige mit Papier gefüllte Säcke aus bunten Stoffen oder Jute bereit. Der Kapitän trägt eine Schiffermütze und die Seeleute können gestreifte T-Shirts anhaben und Tücher um den Hals oder den Kopf binden.

Durchführung

Alle Mitspieler stehen im Halbkreis und treten jeweils in den Kreis hinein, wenn sie ihre Rollen spielen. Das Spiel beginnt mit dem bekannten Nikolauslied *„Lasst uns froh und munter sein"*.

Gemeinsames Lied:
Lasst uns froh und munter sein

Alle Kinder singen zusammen mit den Gästen die erste Strophe.

Lasst uns froh und munter sein
und uns auf den Niklaus freu'n.
Lustig, lustig tra-le-ra-le-ra
bald ist Niklausabend da, ...

Dann singen die Kinder auf dieselbe Melodie folgende Strophen.

Niklaus, guter Nikolaus
du gehst nachts von Haus zu Haus.
Du vergisst nicht unsre Tür,
Nikolaus, wir danken dir, ...

Nikolaus, du guter Mann,
sieh uns arme Menschen an.
Ach, es fehlt uns Korn und Brot,
unsre Kinder leiden Not, ...

Erzähler

Vor vielen Jahren im heißen Land,
da hat die Sonne die Felder verbrannt.
Die Menschen hatten kein Korn und kein Brot,
sie litten Hunger und große Not.

1. Kind

So seht – im Morgensonnenschein,
da läuft ein Schiff in den Hafen ein.

2. Kind

Das bringt uns viele Säcke Korn,
nun sind wir Menschen nicht verlor'n.

3. Kind

Wir holen den guten Nikolaus,
der hat oft geholfen, in jedem Haus.

Der Kapitän und die Seeleute treten in den Kreis. Die Seeleute sind mit Säcken beladen und wandern gebückt im Kreis herum. Der Kapitän schaut freundlich.

Nikolaus bittend

Ihr Seeleute, wir sind in Not,
o gebt uns Korn, wir brauchen Brot.
Vertraut meinem Wort, kein Korn wird fehlen,
ihr könnt genau alle Säcke zählen.

Gott wird uns helfen, der schützt und lenkt,
hat vielen Menschen Brot geschenkt.
Es teilten alle, es reichte das Brot,
der Heiland, er half in ihrer Not.

Kapitän

St. Nikolaus, ich trau deinem Wort,
Kommt her und tragt die Säcke fort.

Die Seeleute stellen die Säcke ab, mehrere Kinder laden sich die Säcke auf den Rücken, gehen im Kreis herum und setzen sich dann mit den Säcken auf ihren Platz. Dazu singen alle Mitspieler zum Abschluss auf die bekannte Melodie:

Gemeinsames Lied: Danke, guter Nikolaus

Nun könnt ihr es alle sehen,
wie ein Wunder ist geschehen!
Danke, guter Nikolaus,
du hilfst allen, Haus bei Haus, ...

1. Kind

So trugen die Menschen Huckepack
in die Stadt hinein wohl Sack um Sack.

2. Kind

Und als die Matrosen nachgezählt,
da hat kein einziger Sack gefehlt.
Sie dankten dem gütigen Nikolaus,
er geht auch heute von Haus zu Haus.
Wir danken ihm und freuen uns sehr,
o lieber Nikolaus, komm zu uns her.

Zum Abschluss können alle Spieler zusammen mit den Gästen folgende Strophe singen:

Gemeinsames Lied: Danke, guter Nikolaus

Danke, guter Nikolaus,
du hilfst allen, Haus bei Haus,
Lasst uns alle fröhlich sein
und uns auf den Niklaus freu'n, ...

Heute ist Nikolaustag

Gedichte und Spielszenen für die Nikolausfeier

Auch die Kleinsten wollen am Nikolaustag etwas Besonderes erleben. Mit einem kurzen Gedicht oder einem gereimten Zweizeiler können sie den Nikolaus überraschen, wenn er an die Haustür klopft. Lichterschiffchen oder das Spiel der emsigen Wichtelkinder können den Nikolaustag zu einem besonderen Tag in der Adventszeit machen.

Was Nikolaus mir wohl morgen bringt!
Ich warte, ob das Glöckchen klingt?

Niklaus, Niklaus, guter Mann,
halt doch deinen Schlitten an!

Komm doch, lieber Nikolaus

Lieber Niklaus, komm doch her,
der Sack, der ist bestimmt ganz schwer.
Vor unserm Fenster brennt ein Licht,
Nikolaus, vergiss uns nicht!

Lieber Nikolaus, du musst dich plagen

Lieber Nikolaus, du musst dich plagen,
um den schweren Sack zu tragen.
Ich weiß was, lieber Nikolaus,
schütt den Sack bei uns doch aus!

Niklaus, komm zu uns herein

Niklaus, mach doch auf die Tür!
So viele Kinder warten hier.
Alle woll'n sich mit dir freuen,
komm recht bald zu uns herein.
Bring den Sack mit schwerer Last.
Sei ganz lange unser Gast.

Wo ist das Haus vom Nikolaus

Niklaus, lieber Nikolaus,
ich möchte gern mal in dein Haus!
Liegt es im Walde tief versteckt?
Ich hab es leider nicht entdeckt.
Ich möchte dich so gern besuchen.
Backen die Wichtel Honigkuchen?
Zeig mir den Weg zwischen Tannenbäumen
doch heute Nacht in meinen Träumen.

Lichterschiffchen

Dieses besinnliche Liedspiel ist besonders für kleinere Kinder gut geeignet. Zunächst werden Walnüsse vorsichtig aufgeknackt und die Kerne entfernt. In die Schalenhälften werden mit Knetgummi Kerzenreste fixiert. Die Lichterschiffchen schwimmen in einer großen flachen Glasschale. Besonders eindrucksvoll ist es, wenn die Schale mit Glanzfolie umwickelt wird, bevor das Wasser eingefüllt wird.
Alle sitzen gemeinsam am Tisch, der Raum ist verdunkelt. Die Kerzenstummel in den Nussschalen werden angezündet und vorsichtig in die wassergefüllten Schüsseln gesetzt. Die Kinder dürfen sie mit vorsichtigem Pusten hin- und herfahren lassen.

Gemeinsames Lied:
Schwimme, Schiffchen, schwimme
Melodie: Alle meine Entchen

Schwimme, Schiffchen, schwimme,
schwimme hin und her.
Du treibst übers Wasser,
wie im großen Meer.

Leuchte, Schiffchen, leuchte,
golden glänzt dein Licht.
Hell machst du die Stube
und auch mein Gesicht.

Schwimme, Schiffchen, schwimme,
Licht, geh noch nicht aus.
Trag die Weihnachtsfreude
fort in jedes Haus.

Die emsigen Wichtelkinder

Am Nikolaustag dürfen die Kleinen im Kindergarten den anderen und natürlich sich selbst die Geschenke überreichen, die Eltern und Erzieherinnen vorbereitet haben.
Drei Wichtelkinder tragen Woll- oder Zipfelmützen, eine Strumpfhose und einen lustig bunten Pullover. Sie haben kleine Säckchen, die aus Stoffresten zusammengenäht sind. Jedes Wichtelkind sagt seinen Vers auf, dann werden die Wichtelsäckchen verteilt.

1. Wichtelkind
Ich bin ein kleines Wichtelkind,
ich laufe durch den Wald geschwind.

2. Wichtelkind
Ich trippel ganz schnell zu euch her,
ihr wartet sicher alle sehr.

3. Wichtelkind
Auch ich trag einen großen Sack
auf meinem Rücken huckepack.

Alle Wichtelkinder
Jetzt teilen wir die Säckchen aus,
für alle ist was drin in diesem Haus.

Die fleißigen Wichtel

Wenn der Weihnachtsmann krank im Bett liegt

Dieses kleine Wichtelspiel kann in der Kindergruppe oder in der Familie zusammen mit benachbarten oder befreundeten Kindern gespielt werden. Es eignet sich für eine Weihnachtsfeier ebenso wie für den Heiligen Abend vor der Bescherung. Es ist ohne großen Aufwand darzustellen. Die Kinder verwandeln sich in kleine Weihnachtswichtel, sobald sie Woll- oder Zipfelmützen auf ihren Köpfen haben.

Rollen

Erzähler
Weihnachtsmann
8 Wichtel

Vorbereitung

Alle Wichtelkinder bekommen Requisiten, die ihren Rollen entsprechen: eine Teetasse für den Wichtel, der den Weihnachtsmann pflegt, Block und Bleistift für den Wichtel, der die Wünsche notiert, Stoff für den Wichtelschneider, einen Pinsel und Farben, einen Teddy, ein Knusperhäuschen (aus Pappe). Außerdem sollte ein Sack mit den Geschenken bereitstehen, den der Weihnachtsmann am Ende des Spiels schultert und aus dem die Kinder bei der anschließenden Bescherung ihre Geschenke bekommen.

Durchführung

Der Erzähler stellt im Spielverlauf den Weihnachtsmann dar, der bis zum Ende des Spiels mit geschlossenen Augen leise schnarchend daliegt. Neben ihm steht der Sack mit Geschenken. Die Wichtel treten der Reihe nach auf, bis sie alle nebeneinander auf der Bühne versammelt sind.

Erzähler

Alle Jahre wieder helfen die Wichtel dem Weihnachtsmann. In diesem Jahr aber liegt er krank im Bett. Ob die Wichtel es wohl allein schaffen, die vielen Geschenke für alle Kinder vorzubereiten?

Zu Beginn singen alle Wichtelkinder zusammen mit den Gästen das Lied von den Weihnachtswichteln.

Gemeinsames Lied: Alle Weihnachtswichtel

Melodie: Alle Jahre wieder

Alle Jahre wieder
in der Weihnachtszeit
trippeln kleine Wichtel
zu uns her von weit.

Alle Weihnachtswichtel
wollen fleißig sein.
Nähen, backen, basteln,
malen tagaus tagein.

1. **Wichtel stellt eine Tasse Tee neben den schlafenden Weihnachtsmann**
Ich bin ein kleines Wichtelkind,
ich helfe dem Weihnachtsmann geschwind.
Er ist heut krank, o weh, o weh.
Ich bring ihm heißen Fliedertee.
Der Weihnachtsmann verschläft die Nacht.
Wir Wichtel schaffen, bis er erwacht.

2. **Wichtel notiert eifrig etwas auf seinen Block**
Heut sind wir Wichtel ganz allein,
doch wollen wir alle fleißig sein!

3. **Wichtel näht pantomimisch an einem Stück Stoff**
Ich bin der kleine Wichtelschneider,
ich näh den Puppen neue Kleider.

4. **Wichtel bringt Farben und Pinsel**
Ich bring die Farben rasch herbei,
gleich male ich los – eins, zwei und drei.

5. **Wichtel arbeitet mit Plätzchenformen und fertigt ein Knusperhaus**
Ich stech die süßen Plätzchen aus
und klebe sie ans Knusperhaus.

6. Wichtel näht einem Teddy pantomimisch das Ohr fest

Der Teddy kriegt ein neues Ohr,
das er beim Spielen mal verlor.

7. Wichtel beklebt Kugeln oder einen Luftballon mit buntem Papier

Ich kleb die Kugeln, die glänzen so schön,
ihr sollt sie dann am Tannenbaum seh'n.

8. Wichtel schneidet Sterne aus

Ich schneid aus Goldpapier die Sterne,
das macht mir Spaß, das tu ich gerne.

Alle Wichtel

Und wenn der Weihnachtsmann erwacht,
ist alles fertig zur Weihnachtsnacht.

Gemeinsames Lied

Melodie: Alle Jahre wieder

Alle kleinen Wichtel
wollen fleißig sein.
Nähen, backen, basteln,
malen tagaus tagein.

Und wir stopfen alles
in den großen Sack.
Weihnachtsmann, du trägst ihn
zu euch huckepack.

Alle Kinder warten,
was der Gute bringt.
Noch ein kleines Weilchen,
bis das Glöckchen klingt.

Nun kann der Weihnachtsmann aufwachen. Er reckt und streckt sich, gähnt, reibt sich die Augen und ist erfreut, dass die fleißigen Wichtel alles so schön vorbereitet haben. Er klingelt mit dem Glöckchen und schultert den Sack, den die Wichtel vor seinem Bett abgestellt haben. Die Bescherung in der Kindergruppe oder in der Familie kann beginnen.

In der Weihnachtsbackstube

Ein Knusperhaus für Mäusekinder

Dieses Spielstück kann den Abschluss eines fröhlichen Backtages in einer Kindergruppe oder in einem großen Familienkreis bilden. Es kann sich ein fröhliches Probierfest mit selbst gebackenen Keksen anschließen. Falls „echte Pfefferkuchen" das Knusperhaus schmücken, darf das Häuschen vielleicht sogar geplündert werden. Das Knusperhäuschen, das zusammen mit den Kindern gestaltet wird, kann nach der Weihnachtszeit mit weichen Kissen gepolstert und als Kuschelecke benutzt werden.

Rollen
Erzähler
5 Bäckerkinder
2 Mäusekinder

Vorbereitung
Das Knusperhäuschen wird aus einem großen Karton, einer Waschmaschinen- oder Fernsehverpackung, gebastelt. Bevor es bemalt wird, müssen Fenster und Türen herausgeschnitten und ein Schornstein angebracht werden. Wer mag, kann echte Pfefferkuchen mit dünnen Fäden an das Haus hängen. Die Bäckerkinder bekommen Bäckermützen aus Papier. Sie halten verschiedene Backutensilien in den Händen. Die Mäusekinder tragen Mäuseohren aus rosa Filz, die an einen Streifen aus Tonkarton geklebt sind, und lange Bindfäden als Schwänze. Außerdem werden ein paar Lebkuchen, eine Brezel, eine Pappscheibe, die eine große Walnuss darstellt, Watte und eine Handvoll echter Nüsse gebraucht.

Durchführung
Das Knusperhäuschen steht in der Mitte der Bühne, darum herum haben sich die Bäckerkinder versammelt. Im Knusperhäuschen versteckt warten die beiden Mäusekinder auf ihren Auftritt. Jedes Bäckerkind macht pantomimische Bewegungen wie „Kuchen rühren", „Zuckerguss spritzen" ..., wenn es seine Strophe spricht.

Erzähler

Schaut euch unser wunderschönes Knusperhäuschen an! Habt ihr auch schon den Duft von Vanille, Honig und Zimt in der Nase? Bestimmt wollt ihr alle nachher etwas von unserem Knusperhaus probieren!
Zwei klitzekleine Tierchen haben einfach schon an unserm Häuschen geknabbert! Könnt ihr euch vorstellen, welche Tiere so naschhaft waren? Nein? Dann wartet ab, denn sicher werden wir die zwei erwischen!

1. Kind rührt in einer großen Schüssel

Hei, wer hilft uns Nüsse knacken
und die vielen Mandeln hacken?
Wer wird wohl die Butter rühren
und vom Nougat nicht probieren?

2. Kind spritzt Zuckerguss auf einen Lebkuchen

Wer will Herzen bunt verzieren
und den Zuckerguss verrühren?
Achtung, Naschen ist verboten,
sonst gibt's was auf eure Pfoten!

3. Kind verziert das Knusperhaus

Knusper, Knusper, Knäuschen,
da steht das Knusperhäuschen,
schön geschmückt mit Marzipan,
Nüsse kleben wir auch dran.

4. Kind steckt weiße Watte in den Schornstein

Aus dem Schornstein steigt der Rauch,
eine Hexe gibt es auch.
Hänsel muss die Gretel suchen,
darf nichts naschen von dem Kuchen!

5. Kind

Seht, der Zaun am Knusperhaus
sieht ganz schneegepudert aus.
Ich bin nur ein bisschen bange:
Hält das Häuschen wohl noch lange?

1. Kind

O – was ist denn hier geschehen?
Ein Stern ist ohne Zacken zu sehen!
Dort fehlt der Balken vor dem Fenster,
gibt es hier Diebe und Gespenster?

2. Kind

Wo ist denn nur der Dominostein?
Der Kuchenmann hat nur ein Bein!
Zwei Printen hängen nur noch da.
Wer kann uns sagen, was geschah?

Erzähler zeigt auf einen Mäuseschwanz, der in der Tür zu sehen ist.

Nun seht – ein Schwänzchen schaut heraus.
Ich glaub, das war die Weihnachtsmaus!

Er holt die Mäuse aus dem Knusperhäuschen.

1. Maus knabbert an einer Brezel

Ach, lasst mir diese Brezel noch,
dann kriech ich ganz schnell in mein Loch.
Es war im dunklen Winterwald
in Eis und Schnee so schrecklich kalt!
Dann roch ich in der Winterluft
den wunderbaren Weihnachtsduft.

2. Maus knabbert an der großen Nuss

Ach, Hunger tut in Eis und Schnee
im Mäusebauch so furchtbar weh!
Nun haben wir ein Haus gefunden,
seid nicht bös, gleich sind wir verschwunden.
Und spitzt jetzt alle euer Ohr,
wir pfeifen euch zum Dank was vor.

Die Kinder stehen um die Mäuse herum, jedes reicht ihnen eine Nuss.

1. Kind

Wir schenken gern euch eine Nuss,
das ist ein lieber Weihnachtsgruß.
Wir wünschen euch ein frohes Fest.
Nun feiert schön im Mäusenest.

Die Mäusekinder singen das Mäuselied. Die Zuschauer können mit einstimmen. Während der letzten Strophe trippeln die Mäuse fort, die Kinder winken ihnen nach.

Lied der Mäusekinder:
Alle Mäusekinder huschen fort
Melodie: Alle meine Entchen

Alle Mäusekinder
huschen wieder fort, huschen wieder fort,
singen euch ein Danklied
von dem sicheren Ort.

Ihr habt uns geholfen,
ihr wart alle lieb, ihr wart alle lieb.
Dank für all die Nüsse.
Piep, piep, piep, piep, piep.

Nun sollt ihr schön feiern,
tanzt ums Knusperhaus, tanzt ums Knusperhaus.
Und es grüßt euch alle
die Familie Maus.

Santa Claus und die Rentiere

Vom Streik der Rentiere

Sicher ist er vielen Kindern bekannt, der Weihnachtsmann, der im angelsächsischen Sprachraum „Santa Claus" genannt wird. Er ist es, der vom Nordpol aus mit seinen Rentieren und dem schwer mit Geschenken beladenen Schlitten am Weihnachtsabend den Weg zu den Kindern in allen Häusern auf sich nimmt. Das Leittier der Rentiere heißt Rudi Rotnase.

Rollen
6 Rentiere
Santa Claus

Vorbereitung
Zur Kostümierung der Rentiere genügen Geweihe aus Tonkarton, die an einem Stirnband befestigt werden. Die Rentierkinder tragen einfarbige graue oder braune Pullover und Hosen. Santa Claus hat einen roten Mantel und eine rote Mütze an. In der Hand hält er als Fernrohr eine Papprolle, die mit bunter Folie beklebt ist.

Durchführung
Die Rentierkinder traben zu Beginn ganz müde und lustlos im Kreis herum. Dann legen sie sich nieder. Sobald sie das Lied der Rentiere gesungen haben, unterhalten sie sich missmutig und trotzig miteinander. Dann tritt Santa Claus hinzu. Das Spiel endet mit einem fröhlichen Lied der Rentiere, das von allen Kindern zusammen mit den Zuschauern gesungen wird.

Lied der Rentiere:
Alle Jahre wieder geht die Reise los
Melodie: Alle Jahre wieder

Alle Jahre wieder
geht die Reise los.
Auf die Erde nieder,
seht, unsre Müh ist groß.

Ach, uns schmerzt der Rücken
und auch jeder Schritt.
Wir wollen uns nun drücken,
wir laufen heut nicht mit.

Santa Claus wird bitten,
doch wir sind alle müd.
Keiner zieht den Schlitten,
seht nur, was geschieht.

1. Rentier trotzig
Die Nacht ist kalt und sternenklar,
ich habe keine Lust in diesem Jahr.

2. Rentier lustlos
Wir sind schon oft durch die Wolken geflogen
und haben den schweren Schlitten gezogen.

3. Rentier
Schaut her, ganz struppig sehen wir aus,
wir stapften oft von Haus zu Haus.

4. Rentier müde
So selten gab es Heu zu fressen,
die Menschen haben uns ganz vergessen.

5. Rentier
Schaut her, meine Hufe sind ganz zerschunden,
wann haben wir mal einen Stall gefunden?

6. Rentier
Wir bleiben im Rentierreich dieses Jahr,
zusammen mit der großen Rentierschar.

Santa Claus tritt auf. Er begrüßt seine Tiere, streichelt sie und will sie am Zügel nehmen. Doch die Rentiere wollen nicht aufstehen.

Santa Claus
Guten Morgen, guten Morgen, ihr lieben Tiere,
ich schirre euch an, dass ich keinen verliere.
Ich streichle jeden mit sanfter Hand, dann
geht's auf die Reise ins Menschenland.

Die Rentiere antworten missmutig und wenden sich ab. Santa Claus ist ganz erstaunt.

1. Rentier
Ich mache mich schnell wieder los!

2. Rentier
Ich bleibe da und fresse Moos.

3. Rentier
Ich fühle mich zu Hause wohl.

4. Rentier
Auch ich bleib lieber hier am Pol.

5. Rentier
Die Kinder wünschen immer mehr!

6. Rentier
Nein, der Schlitten bleibt dieses Jahr leer!

Santa Claus hört den Tieren zu, überlegt eine Weile und schaut durch sein Fernrohr. Dann wendet er sich liebevoll an die Rentiere.

Santa Claus
Ihr lieben Tiere, so hört mich an,
kein Kind ich traurig sehen kann!
Wollt ihr mal durch mein Fernrohr sehen?
So viele Kinder am Fenster stehen!
Sie schauen in die Nacht hinaus
und warten auf euch und Santa Claus.

Die Rentiere schauen interessiert. Eines ist mutig und schaut ebenfalls durch das Fernrohr.

1. Rentier
Er hat ja Recht, der gute Mann.

2. Rentier
Noch einmal packen wir es an.

3. Rentier
Ihr hört uns scharren mit den Hufen.

4. Rentier
Bald knirschen auch die Schlittenkufen.

5. Rentier
Dann geht's ins Wolkenland hinaus.

6. Rentier
Wir helfen dir, guter Santa Claus.

Alle Rentiere stellen sich paarweise hintereinander auf. Santa Claus schnalzt und ruft „Hühoo". Der Zug bewegt sich mehrmals im Kreis herum, während alle Kinder zusammen mit den Zuschauern singen.

Gemeinsames Lied:
Horch, wer trabt von fern herein
Melodie: Horch, was kommt von draußen rein

Horch, wer trabt von fern herein?
Hollahi, hollaho.
Wird der Santa Claus wohl sein?
Hollahiaho.
Sitzt auf dem Schlitten in dunkler Nacht,
hollahi, hollaho,
hat für euch etwas mitgebracht
hollahiaho.

Seht – da trabt die Rentierschar,
hollahi, hollaho.
So war es noch jedes Jahr,
hollahiaho.
Santa Claus mit guter Hand,
hollahi, hollaho,
Lenkt sie durch das Wolkenland,
hollahiaho.

Und wenn wir uns recht darauf freu'n,
hollahi, hollaho,
Wird es jedes Jahr so sein,
hollahiaho.
Ist der Sack auch noch so schwer,
hollahi, hollaho,
Santa Claus schleppt ihn euch her,
hollahiaho.

Die Weihnachtspost ist da!

Wunschzettel für den Weihnachtsmann

Dieses kleine Spielstück ist für größere Kinder geeignet, die schon etwas längere Texte auswendig sprechen können. Es kann im Rahmen einer Weihnachtsfeier aufgeführt werden, bei der neben vielen gemeinsam gesungenen Weihnachtsliedern vielleicht auch kurze Gedichte vorgetragen werden. Wer das Stück mit mehr als drei Kindern aufführen möchte, kann die einzelnen Strophen im Wechsel sprechen lassen.

Rollen
Erzähler
3 Kinder als Postboten

Vorbereitung
Die Kinder haben Schildmützen auf und Taschen umgehängt, die wie Postbotentaschen mit Briefen vollgestopft sind. Das zweite Kind trägt außerdem ein Päckchen in der Hand. An die Kinder aus dem Publikum können Zettel und Stifte verteilt werden. Sie werden vor dem Spiel aufgefordert, ihre Wünsche aufzuschreiben oder zu malen.

Durchführung
Die Postbotenkinder treten nacheinander auf. Während des Sprechens zieht jedes Kind Briefe, Päckchen und auch Bilder aus seiner Posttasche. Das dritte Postbotenkind sammelt zuerst einige Wunschzettel aus dem Publikum ein. Nach dem Schlussvers ziehen die Postboten winkend ab.

Erzähler

Tra-ri, tra-ra – die Weihnachtspost ist da. Postboten haben vor dem Weihnachtsfest besonders viel zu tun. Sie tragen die vielen Briefe und Päckchen zu den Menschen. Alle sollen rechtzeitig zum 24. Dezember abgegeben sein. Unsere Postboten transportieren auch Wunschzettel an den Weihnachtmann.

1. Postbote

Ich hab im Dezember viel zu tun,
da darf ich nicht rasten und nicht ruh'n.
So viele Post zur Weihnachtszeit,
die flattert zu mir her von weit.

Ich schlepp herbei so viele Briefe
mit Buchstaben, gerade und schiefe.
Lena, Laura und Florian,
die fangen schon mit Schreiben an.

Und wer noch gar nicht schreiben kann,
der fängt ganz schnell zu malen an!

2. Postbote

Auch ich trag Post von Haus zu Haus,
Ich ziehe viele Päckchen heraus.
Die sind oft groß und ziemlich schwer
und kommen sicher von weit her.

Vielleicht aus Australien und Afrika,
von Grönland oder Amerika!
Der Weihnachtsmann auf dem Rentierschlitten,
der kommt ja auch von weit geritten.

Er muss den Schlitten sorgsam lenken,
wird er an alle Kinder denken?
Wir helfen ihm, trari, trara,
seht her – die Weihnachtspost ist da!

3. Postbote

Ich sammle eure Wunschzettel ein,
mal sind sie lang, mal kurz und klein.
Nun spitzt doch alle euer Ohr,
ich les euch ein paar Wünsche vor.

Einen kuschelig weichen Teddybär,
den wünscht sich dieses Kind so sehr.
Eine Puppe mit dicken Zöpfen und Schleifen
dazu einen Kittel mit bunten Streifen.

Ein andres Kind wünscht sich einen Hahn
für den Bauernhof, auch Gans und Fasan.
Ein Skateboard steht hier, ach, bitte sehr,
dazu Knieschützer und noch viel mehr.

Hier steht, ein großes Piratenschiff,
das segelt stolz durch Fels und Riff.
Nun klapp ich meine Tasche zu,
der Weihnachtsmann braucht auch mal Ruh.

Alle Postboten

Nun müsst ihr warten, fällt es auch schwer,
der Weihnachtsmann bringt alle Geschenke her.

Einmal werden wir noch wach

Gedichte und Spielideen für die Weihnachtsfeier

Für eine weihnachtliche Feierstunde eignen sich kurze Gedichte, die mit wenig Aufwand in Szene gesetzt werden können, ebenso wie bekannte Weihnachtslieder oder eine Weihnachtsgeschichte. Für das Gedicht „Wenn ich den Weihnachtsmann spiele" kann ein Kind mit Mutters roter Strickjacke, einer roten Mütze, Bart und einem Sack mit Geschenken ausstaffiert werden. Auch das Gedicht vom wütenden Eselchen lässt sich mit wenigen Requisiten in eine kleine Spielszene verwandeln.

Lieber Engel

Lieber Engel, das lässt mir keine Ruh,
trägst du wohl zarte Silberschuh?
Fliegst du wohl nachts über das Dach?
Ich wart auf dich und bleib oft wach!

Lieber Engel, eine Feder ich heute fand,
kam sie von dir aus dem Wolkenland?
Sie ist ganz weich wie Vogelflaum,
vielleicht seh ich Engelsflügel im Traum.

Lieber Engel, heut muss ich denken,
ich könnte dir doch auch mal was schenken!
Ich habe ganz viele Sterne gemacht.
Ach, hol sie dir doch in der Nacht!

Wenn ich Weihnachtsmann spiele

Heut spiel ich mal den Weihnachtsmann,
zieh Vaters Gummistiefel an.
Auf dem Dachboden finde ich Bart und Hut
und einen Mantel, der steht mir gut!
Ein bisschen lang ist er ja – leider.
Ich bin geschickt – fast wie ein Schneider,
hole Nadel und Faden mir her
und näh ihn kürzer, das ist nicht schwer.
Dann pack ich Nüsse in meinen Sack,
auch Plätzchen und Äpfel – huckepack.
Ein dickes Buch, ihr habt es erraten,
darin stehen aber nur gute Taten.
Nun klingle ich an Nachbars Tür.
Guten Tag, der Weihnachtsmann ist hier.

Warum der Esel wütend ist

Unerhört! Unerhört!
Wisst ihr, was mich mächtig stört?
Zu Weihnachten – da ist was geschehen,
ihr könnt mein Missgeschick hier sehen.
Der Florian, was hat der sich gedacht,
er hat mich ohne Schwanz gemacht!
Einfach vergessen – o Schreck, o Graus,
wie seh ich ohne Schwanz bloß aus!
Vier Beine und die Ohren sind dran,
wie man den Schwanz nur vergessen kann!
Nun steh ich an der Krippe seit Tagen,
kann nicht mit meinem Schwanze schlagen
und die Fliegen verjagen.
Florian, Florian,
kleb meinen Schwanz doch an!

Von den fünf Wichtelkindern
Bei diesem Fingerspiel werden nacheinander die Finger einer Hand gestreckt. Dann setzt sich der kleine Finger auf die ausgestreckte rechte Hand und lässt sich tragen.

Der erste sagt: „Wir gehen aus dem Haus
ganz weit in den Winterwald hinaus."
Der zweite sucht ein Bäumchen aus,
der dritte hat die Säge getragen,
der vierte muss das Bäumchen schlagen.
Der fünfte, der Kleinste, mag nicht mehr gehen,
der sagt: „So ein Bäumchen ist sehr bequem!
Ich bin nicht schwer.
Tragt mich nach Hause, bitte sehr!"

Weihnachten im Bärenhaus
Bei diesem Fingerspiel können die Kuschelbären der Kinder mitspielen. Zum Schluss schmiegt sich der kleinste Bär ins Fell von Oma Bär. Die Kinder können ihre Bären zu den Texten agieren lassen.

Fünf kleine Zappelfinger fliegen heut hinaus.
Fünf kleine Zappelfinger gehen ins Bärenhaus.

Der erste geht zu Vater Bär,
der ist so stark, so groß und schwer.
Der muss sich heute mächtig plagen,
den Weihnachtsbaum nach Hause tragen.

Der zweite geht zu Mama Bär,
die hat es heute auch so schwer.
Sie muss die vielen Plätzchen backen,
für Bärenkinder die Nüsse hacken.

Der dritte geht zu Tante Bär,
die hat es heute auch so schwer.
Sie näht ein Schäfchen ganz geschwind
fürs allerkleinste Bärenkind.

Der vierte geht zu Onkel Bär,
der hat es heute auch so schwer.
Die Eisenbahn spielt ganz verrückt,
er hat den falschen Knopf gedrückt.

Der kleinste Finger, ei – der Daus,
sucht sich ein Bärenbettchen aus.
Er kuschelt sich in Omas Arm,
da ist es weich und mollig warm.

Vor dem Schlüsselloch

Morgen, Kinder, wird's was geben

Dieses Spiel ist mit geringem Aufwand unter Anleitung eines Spielleiters leicht darzustellen. Die Szene kann auch von zwei Kindern oder einem Kind allein gespielt werden. Dann kommt es darauf an, den Text ganz besonders ausdrucksvoll zu sprechen! Das Spiel eignet sich für eine weihnachtliche Feierstunde in einer Kindergruppe oder auch in der Familie.

Rollen
Spielleiter
5 Kinder

Vorbereitung
Auf ein möglichst großes Stück von einem Pappkarton (z. B. die Seitenfläche eines Fernsehkartons) wird eine Tür mit einem großen Schlüsselloch gemalt. Das Schlüsselloch muss herausgeschnitten werden.

Durchführung
Jeweils zwei Kinder halten die Tür so, dass das neugierige Kind halb seitlich zu den Zuschauern steht. Im Spielverlauf tritt ein Kind nach dem anderen an die Tür heran, beugt sich leicht hinunter und späht durch das Schlüsselloch, während es seinen Text sagt. Der Spielleiter spricht den einleitenden Vers. Danach winkt er die Kinder heran, die jeweils vor das Schlüsselloch treten und ihre Verse sprechen.

Spielleiter
Komm, guckt doch mal durchs Schlüssel-
loch, was könnt ihr da wohl seh'n?

1. Kind
Den Gabelstapler, eine Lok,
ein Puppentelefon,
ein Puppenbett
und eine Bahnstation.

2. Kind
Ein Knusperhaus mit Pfefferkuchen
mit Brezeln auf dem Dach.
Das würde ich so gern versuchen,
doch steh ich draußen – ach!

3. Kind
Es duftet so nach Marzipan,
nach Kardamom und Zimt,
was Mama in der Weihnachtszeit
für Sternenplätzchen nimmt.

4. Kind
Ich seh mein altes Puppenhaus,
das ist ganz neu bemalt.
Es sieht ganz nagelneu nun aus,
sogar der Schornstein strahlt.

5. Kind
Da seh ich noch die Ritterburg
mit Türmen und mit Mauern.
Doch muss ich viele Tage noch
bis Heiligabend lauern.

Alle Kinder
Doch endlich ist es nun so weit,
wir steh'n nicht länger hier.
Dann brennt so hell der Lichterbaum,
es öffnet sich die Tür!

Der schönste Lichterbaum

Von den Weihnachtsbäumen

Dieses Spielstück ist für Gruppen mit Kindern aus verschiedenen Kulturkreisen geeignet. Nadelbäume und das Kerzenlicht sind nicht nur Zeichen für christliches Kulturgut. Wenn mit Kindern aus christlichen Familien gespielt wird, kann statt „Lichterbaum" auch „Weihnachtsbaum" gesungen werden.

Rollen

Kind, das den schönsten Baum auswählt
5 Kinder, die verschiedene Bäume darstellen
Mehrere Tannenbäume

Vorbereitung

Die Kinder, die Bäume darstellen, halten für ihre Rollen Blätter in den Händen, die von der Kindergruppe im Herbst gesammelt und gepresst worden sein können. Schön gefärbte Herbstblätter behalten durch Haarspray ihre Festigkeit und Farbe. Am besten tragen die Kinder auch die zum Baum gehörenden Früchte. Die Kinder, die Tannenbäume darstellen, halten Tannenzweige.

Durchführung

Die Kinder stellen sich als Bäume mit dem Rücken zueinander in einem kleinen Kreis auf. Wenn Eltern dabei sind, können sie im großen Außenkreis sitzen. Ein Kind geht suchend um den kleinen Kreis herum und bleibt jeweils vor den betreffenden Mitspielern stehen. Das Kind, das den schönsten Baum auswählen soll, geht zum ersten Baum und betrachtet ihn genau, bis dieser zu sprechen beginnt.

Zu Beginn singen alle Kinder zusammen mit den Gästen die erste Strophe des bekannten Liedes „O Tannenbaum, o Tannenbaum".

Gemeinsames Anfangslied:
Den schönsten Baum
Melodie: O Tannenbaum

O Tannenbaum, o Tannenbaum,
wie grün sind deine Blätter.
Du grünst nicht nur zur Sommerzeit,
nein, auch im Winter, wenn es schneit.
O Tannenbaum, o Tannenbaum,
wie grün sind deine Blätter.

Die zweite Strophe singen die Kinder allein.

Den schönsten Baum, den schönsten Baum,
den woll'n ins Haus wir tragen.
Wir hängen gold'ne Sterne dran,
aus Zapfen einen Wichtelmann.
Den schönsten Baum, den schönsten Baum,
den woll'n ins Haus wir tragen.

Das Kind, das den schönsten Lichterbaum aussuchen wird, geht langsam um den Kreis herum und betrachtet die verschiedenen Bäume prüfend. Zuerst bleibt es vor dem Apfelbaum stehen.

Apfelbaum

Ich streck die Äste stark und weit,
und trage Äpfel zur Erntezeit.
Schau meine Blätter im Herbst nur an.
Wer so schöne Farben wohl finden kann?

Auswählendes Kind

Es reißt der kalte Winterwind
Äpfel und Blätter ab geschwind.

Alle Kinder wiederholen die Liedstrophe „Den schönsten Baum, den schönsten Baum ..."

Das Kind geht weiter im Kreis herum und bleibt vor dem Kastanienbaum stehen.

Kastanienbaum

Schau meine starken Äste an,
so schöne Früchte ich tragen kann.
Kastanien schenk ich dir, braun und fest,
so viel sich daraus basteln lässt!

Auswählendes Kind

Kastanien finde ich wunderschön,
doch wenn die kalten Winde weh'n,
dann bist du leider kahl zu seh'n!

Alle Kinder singen: „Den schönsten Baum ...“

Wieder geht das Kind weiter. Nun bleibt es vor den Eichen stehen.

Erster Eichbaum

Wir sind die stolzen großen Eichen,
wer kann sich wohl mit uns vergleichen?

Zweiter Eichbaum

Die Eichhörnchen klettern hin und her
und sammeln Eicheln, immer mehr.
Und dann, mit einem großen Satz,
vergraben schnell sie ihren Schatz.

Erster Eichbaum

Trag uns ins Zimmer doch hinein,
kein andrer Baum kann schöner sein.

Auswählendes Kind

Ihr seid so schön zur Herbsteszeit,
dann leuchten eure Blätter weit.
Doch wenn es stürmt und friert und schneit,
dann seid ihr kahl – es tut mir leid.

Alle Kinder singen: „Den schönsten Baum ...“

Das Kind geht weiter und bleibt schließlich vor den Tannen stehen.

Ein Tannenbaum

Nein, Blätter findest du hier nicht.
Doch Tannennadeln, dicht an dicht.

Alle Tannenbäume

Ihr seht uns glänzen schon im Traum,
bald stehen wir da – als Lichterbaum

Auswählendes Kind

Ihr sollt die Lichterbäume sein,
euch tragen wir ins Haus hinein.

Zum Abschluss singen alle Kinder eine weitere Strophe auf die bekannte Melodie.

Gemeinsames Lied: O Lichterbaum

Melodie: O Tannenbaum

O Lichterbaum, o Lichterbaum,
wir wollen schön dich schmücken.
Mit deinen Zweigen frisch und grün
wirst du bei uns im Haus bald steh'n.
O Lichterbaum, o Lichterbaum,
wir wollen schön dich schmücken.

Nach dem Spiel können die Kinder gemeinsam ein Weihnachtsbäumchen mit selbst gebasteltem Schmuck wie Wichtelmännchen aus Zapfen oder Sterne aus Glanzpapier schmücken.

Was soll es bedeuten

Hirtenspiel zur Heiligen Nacht

Bei diesem Spiel treten die einzelnen Spieler aus dem Kreis heraus auf die Spielfläche, um ihre Verse zu sprechen und zu spielen. Die übrigen Kinder singen zu Anfang und am Schluss zusammen mit den Gästen das bekannte Hirtenlied „Was soll es bedeuten". Wer das Spielstück im Rahmen einer Weihnachtsfeier aufführen und aufwändiger gestalten möchte, kann als Szenenbild die Hirten mit ihren Schafen um ein „Feuer" herum gruppieren.

Rollen
5 Hirten
Engel

Vorbereitung
Die Hirten bekommen alte Hüte und Wollwesten, einen Hirtenstab oder eine Laterne. Vielleicht haben einige Kinder aus der Gruppe ein Schaf als Stofftier oder einen Hund, der dann ein Hirtenhund sein wird. Als „Feuer" werden einige Holzscheite in der Mitte der Bühne aufgeschichtet. Der Engel trägt ein einfaches, langes weißes Kleid. An einem Reif auf seinem Kopf leuchtet ein Stern aus Glanzfolie. In der Hand trägt er einen langen Stab, an dessen Ende ebenfalls ein großer Stern glitzert.

Spielform
Alle Kinder der Gruppe singen zusammen mit den Gästen das Anfangslied. Dann kauern die Hirten um das „Feuer" herum. Sie sind unruhig und sehen sich nach ihren Tieren um. Sie singen gemeinsam die zweite Liedstrophe, bevor sie ihre Verse sprechen und dazu spielen. Der Engel steht im Bühnenhintergrund und tritt erst hervor, wenn der erste Hirte von den so hell glänzenden Sternen spricht. Das Spiel endet mit einer weiteren Liedstrophe.

Zu Beginn singen alle Kinder zusammen mit den Gästen die erste Strophe des Hirtenliedes „Was soll es bedeuten".

Gemeinsames Lied: Was soll es bedeuten

Melodie: Was soll es bedeuten

Was soll es bedeuten, es taget ja schon
Ich weiß wohl, es ist erst um Mitternacht rum.
Schaut nur daher, schaut nur daher!
Wie glänzen die Sternlein, je länger je mehr.

Die zweite Strophe wird von den Hirten allein gesungen.

Was soll es bedeuten, so hell ist die Nacht?
Wir haben seit langem kein Auge zugemacht.
Die Tiere sehet an, die Tiere sehet an,
kein Hirte, kein Schäflein, heut schlafen kann.

1. Hirte verwundert

Was ist das heut für eine Nacht?
Ich hab kein Auge zugemacht!

2. Hirte

Ich ziehe nun schon Stund' um Stunde
rings um die Herde meine Runde.
Die Schafe mähen aufgeregt,
sie trippeln und keines sich niederlegt.

3. Hirte

Sogar die Hunde stehen und zittern,
ob sie vielleicht ein Raubtier wittern?

4. Hirte ängstlich

Was lauert dort hinter den Hecken,
wird sich ein Wolf wohl dort verstecken?

5. Hirte beruhigend

Ich habe ein Feuer gemacht,
das soll uns wärmen in der Nacht.

1. Hirte

Die Sterne leuchten so hell und klar,
wie es noch nie gewesen war.
Und hell und heller wird der Schein,
o weh, der Himmel stürzt nun ein!

Der Engel tritt aus dem Kreis hervor. Die Hirten weichen zurück, einige fallen zu Boden und verstecken ihre Gesichter in ihren Händen. Während der Engel spricht, schauen sie überrascht hinter ihren Händen hervor und erheben sich staunend.

Engel

Ihr Hirten, fürchtet euch doch nicht,
Gott sendet selbst dies helle Licht.
Die Botschaft soll euch heut erreichen,
Gott schickt euch allen dieses Zeichen.
Das Christkind liegt in einem Stalle,
es ist geboren für uns alle!

Lauft hin, so schnell ein jeder kann,
seht in der Krippe das Kind euch an.
Und hört nun, was die Engel singen:
Dies Kind wird Frieden und Freude bringen.

Der Engel tritt zurück in den Bühnenhintergrund. Die Hirten laufen umher und sprechen aufgeregt miteinander.

2. Hirte

Der Engel sprach im hellen Licht.
Ich glaube ihm, er irrt sich nicht.

3. Hirte

Ihr Hirten, ein Wunder ist geschehen,
wir wollen eilends zum Stalle gehen.

4. Hirte

Ein kleines Kind in Stroh und Heu!
Habt warme Felle ihr dabei?

5. Hirte

Auch Milch und Käse nehm ich mit
Wir laufen los mit schnellem Schritt.

1. Hirte

Und wenn dies Kind uns Frieden bringt,
dann sagt es allen Menschen, kommt und singt.
Holt ab viele Freunde im Sternenschein,
wir alle treten zum Stalle hinein.

Lied der Hirten: Was soll es bedeuten

Wir hörten die Engel mit fröhlichem Schall.
Wir treiben die Schafe hinab in das Tal.
Kommt mit geschwind, kommt mit geschwind.
Wir wollen nun ziehen zum Krippenkind.

Kleines Sternenspiel

Zur Heiligen Nacht

Bei diesem Spiel können viele Kinder beteiligt sein. Jedes Sternenkind trägt einen Stern an einem langen Stab. Ein älteres Kind, das einen etwas längere Text spricht, trägt den großen Weihnachtsstern. Wer das Stück mit weniger Kindern aufführen möchte, lässt die Kinder jeweils vier Zeilen sprechen. Im Anschluss an das Spiel kann im Rahmen einer weihnachtlichen Feierstunde die Weihnachtsgeschichte vorgelesen werden.

Rollen

8 Sternenkinder
Weihnachtsstern

Vorbereitung

Die Sterne können aus Tonkarton geschnitten und eventuell mit Leuchtfarbe angemalt sein. Gut geeignet ist auch Hologrammfolie, da sie von einer leicht verdunkelten Bühne weithin funkelt. Die Sterne werden an Rundhölzern oder Laternenstäben befestigt. Der Weihnachtsstern ist besonders groß und schön. Es ist der Stern von Bethlehem. Wer will, kann für alle Sternenkinder Umhänge vorbereiten, die mit Glitzersternen beklebt sind, für das Kind, das den Weihnachtsstern trägt, kann eine andere Farbe für den Umhang gewählt werden.

Durchführung

Die Sternenkinder ziehen in einem langen Zug im Kreis herum oder durch den Mittelgang des Zuschauerraumes zur Bühne. Voran geht das Kind, das den Stern von Bethlehem trägt. Auf der Bühne gruppieren sich die übrigen Sternenkinder um den großen Weihnachtsstern.

1. Stern
Als ich vor langer Zeit am Himmel stand,
lag unter mir das weite Land.
Ich hab von hoch oben so viel gesehen,
ich will euch erzählen, was dort geschehen.

2. Stern
Menschen und Tiere aus weiter Ferne,
die zogen herbei unterm Licht der Sterne.

3. Stern
Die Eule flog lautlos durch die Nacht,
ein Wolf hat sich auf den Weg gemacht.

4. Stern
Ein großer grauer Elefant,
der stapfte über Stein und Sand.

5. Stern
Ein Löwe setzte Schritt vor Schritt,
die Löwenkinder trotteten mit.

6. Stern
Es trippelten Schafe übers Feld,
es huschten Mäuse unterm Sternenzelt.

7. Stern
Alles war friedlich, der Wolf schlug kein Lamm
und auch die Löwen waren ganz zahm.

8. Stern wendet sich an den großen Stern
Nun sag uns doch, was ist geschehen?
Du großer Stern hast sicher mehr gesehen!

Weihnachtsstern
Ich hab in dieser kalten Nacht
mit meinem Schein den Stall hell gemacht.
Da sah ich deutlich bei Ochs und Rind
im Stroh ein ganz besonderes Kind.

Es lächelte sanft, es weinte nicht,
es glänzten die Augen in meinem Licht.
Ich glaube, im Stall ist ein Wunder geschehen.
Ich sah viele Menschen zur Krippe gehen.

Kein Tier tat dem anderen etwas zuleide,
die Menschen tanzten und sangen vor Freude.
Ja, diese Nacht war wunderbar.
Wir erleben es wieder, Jahr für Jahr.

So kommt zur Krippe, freut euch und seht,
die Tür uns heute noch offen steht!

Alle Sternenkinder singen zusammen mit den Gästen das bekannte Weihnachtslied „Ihr Kinderlein kommet".

Kommt mit uns nach Bethlehem

Zur Krippe her kommet

Dieses kleine Spielstück handelt von der freudigen Überraschung aller Menschen und Tiere über das Wunder im Stall von Bethlehem. Es kann im Rahmen einer Weihnachtsfeier, bei der Weihnachtslieder gesungen, Geschichten erzählt und Gedichte vorgetragen werden, aufgeführt werden. Das Spiel wird aus dem Kreis heraus ohne besondere Kostüme oder Bühnengestaltung gespielt.

Rollen
4 Kinder

Vorbereitung
Es werden keine Kostüme und Requisiten benötigt. Die Rollen können auch mehrfach vergeben werden. Bei der Aufführung sprechen dann entweder vier Kinder einzeln oder jeweils mehrere Kinder chorisch die gelernten Verse.

Durchführung
Wenn das Spielstück in einer Kindergruppe geübt wurde, stehen alle Kinder der Gruppe in einem Halbkreis auf der Bühne. Zu Beginn singen alle Kinder zusammen mit den Gästen die ersten beiden Strophen des bekannten Weihnachtsliedes „Ihr Kinderlein kommet". Dann treten die Kinder als Sprecher hervor. Die beiden letzten Verse werden von allen Kindern laut und fröhlich gesprochen. Dabei winken sich die Kinder gegenseitig zu und laufen dann von der Bühne.

Gemeinsames Lied: „Ihr Kinderlein kommet"
Melodie: „Ihr Kinderlein kommet"

Ihr Kinderlein kommet, so kommet doch all.
Zur Krippe her kommet in nächtlichem Stall.
Und seht, was in dieser hochheiligen Nacht,
der Vater im Himmel für Freude uns macht.

Da liegt es, ihr Kinder, auf Heu und auf Stroh
Maria und Josef betrachten es froh.
Die redlichen Hirten knien betend davor
hoch oben schwebt jubelnd der Engelein Chor.

1. Kind

Nach Bethlehem, nach Bethlehem
kommt alle her zum Stalle.
Ihr Kinder, Hirten, Schaf und Hund
und du und ich, wir alle.

2. Kind

Trippeln die Schafe herzu,
legen sich an der Krippe zur Ruh.
Und die allerkleinste Maus
streckt im Stroh das Schnäuzchen raus.

3. Kind

Nun kommen die Kinder herbei,
bringen Milch und frisches Heu.
Hirten schenken gutes Brot
für die Menschen in ihrer Not.

4. Kind

Und ganz am Schluss aus weiter Fern
folgen die Könige dem hellen Stern,
tragen reiche Schätze herbei,
knien nieder vor dem Kind im Heu.

Alle Kinder

Und du und ich – wir alle,
wir laufen auch zum Stalle.

Ochs und Esel

Vom Weihnachtsduft im Stall

Tiere faszinieren Kinder immer wieder. Besonders kleinere Kinder schlüpfen gern in die Rollen von Tieren. Dass Ochs und Esel in der heiligen Weihnachtsnacht bei dem neugeborenen Kinde wachten, wird uns in der Weihnachtsgeschichte erzählt. Dass aber Ochs und Esel es waren, die auf die Idee kamen, für wunderbaren Weihnachtsduft im Stall zu sorgen, das erzählt dieses Weihnachtsspiel.

Rollen
Ochs und Esel
Maria und Josef

Vorbereitung
Ochs und Esel hüllen sich in braune bzw. graue Decken oder Stoffe. Sie bekommen Tierohren aus Tonkarton, die an einen Tonkartonstreifen geklebt sind: lange graue Ohren für den Esel und kürzere, spitze Ohren für den Ochsen. Maria hat einen roten Pullover an und trägt einen blauen Umhang. Josef kann unter einem dunklen Mantel eine grüne Zimmermannsschürze tragen und einen knorrigen Wanderstab in der Hand halten. Eine Krippe mit Heu oder Stroh wird in der Mitte der Bühne platziert.

Durchführung
Maria und Josef betrachten ihr Kind in der Krippe. Maria sitzt auf einem groben Holzstück, Josef stützt sich auf seinen Stab. Während die Tiere sprechen, kann Maria das Kind aus der Krippe nehmen und in ihren Armen wiegen.

Ochse
Das ist heut eine besondere Nacht,
ich hab kein Auge zugemacht.

Esel
Ich spür den kalten Winterwind,
wie geht es wohl dem lieben Kind?

Ochse
Siehst du das Astloch dort in der Wand?
Der Wüstenwind treibt heran den Sand.
Ich deck das Loch mit dem Rücken zu,
dann schläft das liebe Kind in sanfter Ruh.

Esel
Hast du die vielen Engel gesehen?
Im Stall, da ist ein Wunder geschehen!

Ochse
Die Engel sind mit Eimer und Besen
sehr fleißig hier im Stall gewesen.
O weh – wie waren die Händchen zerschunden!
Das Spinnennetz haben sie auch gefunden.

Esel
Im Stall, da blitzt es aus allen Ecken,
es kann sich nicht mal ein Floh verstecken!
Die vielen Engel sah ich schweben,
doch stinkt es im Stall – so ist das eben!
Reck deine Nase mal in die Luft,
Bei Tieren gibt es keinen Weihnachtsduft!

Ochse
Da hast du, alter Esel, Recht.
Es riecht hier wirklich ziemlich schlecht.
Wer schafft uns Duftlämpchen herbei
mit Myrrhen, Weihrauch, Zimt, Salbei?

Esel erst traurig und dann fröhlich
Duftlämpchen – das ist schwer – o weh!
Doch hab ich eine gute Idee!
Schieb mal die Tannenzweige heran,
dass ich sie ins Feuer halten kann!

Ochse besorgt
Ach, lieber Esel, sieh dich vor,
verseng dir nicht dein langes Ohr!

Esel
Ich lass die Zweige nur kurz glühen!
Welch Duft wird durch den Stall hinziehen!

Josef schnuppert
Wie riecht es so gut – ihr lieben Tiere,
wenn ich ein bisschen das Feuer schüre.
Wir sind beisammen in dieser Nacht,
habt Dank, Ochs und Esel, ihr haltet Wacht.

Maria freundlich
Auch ich sag euch Dank und allen Tieren,
weil wir eure Nähe und Wärme spüren.
Nun kniet an der Krippe nieder, ihr zwei,
das Kind lacht euch fröhlich an im Heu.

Die kleinen Engel berichten

Wie der Stall für das Kind geschmückt wurde

Dieses kleine Engelspiel kann schon mit wenig Vorbereitung einen ganz besonderen Reiz entfalten. Zum Abschluss entzündet jedes Kind ein Licht, sodass eine wunderbar weihnachtliche Stimmung entsteht, die zum gemeinsamen Singen oder zum Geschichten erzählen einlädt. Auch den Kleinsten macht es Spaß, als Engel verkleidet auf einem „Wolkenkissen" zu sitzen und den älteren Kindern beim Aufsagen der Verse zuzuhören.

Rollen

Erzähler
1 Sternenkind
7 Engelkinder

Vorbereitung

Mindestens sieben kuschelige Wolkenkissen werden auf der Bühne verteilt. Die Engelkinder tragen weiße Pullis oder Nachthemden, die mit Glitzersternen aus Hologrammpapier beklebt sind. Das Sternenkind bekommt einen funkelnden Umhang, der ebenfalls mit Sternen beklebt ist, und eine Kerze. Es trägt einen besonders schönen, großen Stern aus Glanzfolie auf dem Kopf. Als Beleuchtung genügt eine kleine Lampe, das Deckenlicht sollte ausgeschaltet sein. Kleine Kerzen oder Teelichter liegen für die Engelkinder und die übrigen Kinder der Gruppe bereit.

Durchführung

Während der Erzähler spricht, unterstützen die übrigen Kinder der Gruppe seine Erzählung durch Geräusche. Sie „knarren" wie eine alte Holztür und ahmen das Blöken der Schafe nach. Dann erscheint der Zug der Engel, angeführt vom Sternenkind, das eine brennende Kerze trägt. Die Engelkinder setzen sich auf die Wolkenkissen. Sie stehen nacheinander auf, um ihre Verse zu sprechen.

Erzähler

Heute wollen euch die Engelkinder erzählen, was sie im Stall von Bethlehem erlebt haben. Die kleinen Engelkinder waren es nämlich, die das Tor zum Stall geöffnet haben, als Josef und Maria noch auf dem Weg nach Bethlehem waren.

Sternenkind

Als heller Stern ich am Himmel stand.
und jeder den Weg zum Stalle fand.
Die Menschen haben mein Licht gesehen
und fragten: „Was ist da wohl geschehen?"
Ich zeigte den Engeln den Weg zum Stalle.
Bald steht die Tür weit offen für alle.

1. Engel

Ich war als Erster im Stalle da,
ich will euch erzählen, was geschah.
Am Futtertrog der Esel stand.
Der Ochs, der scharrte an der Wand.

2. Engel

Spinnweben hab ich viele gesehen.
Ich dachte: „Hier soll ein Wunder geschehen?
Ein Kind geboren in Staub und Schmutz,
ganz ohne himmlische Hilfe und Schutz?"

3. Engel

Da rief ich die Putzengel – eins, zwei, drei,
sie kamen eilends zum Stalle herbei.
Wir schleppten die Eimer durch den Sand
und schwangen die Besen mit fleißiger Hand.

4. Engel

Wir schrubbten und fegten ohne Ruh,
wir stopften mit Moos alle Astlöcher zu.
Und wenn sich ein frecher Käfer verkroch,
wir Engelkinder fanden ihn doch!

5. Engel

Dann liefen wir bei den Palmen entlang
und fanden die Rosenblätter am Hang.
Die Tiere schnupperten in die Luft.
Der Esel rief: „Das ist Rosenduft!"

6. Engel

So wurde der Stall geschmückt für das Kind,
dann übten wir noch die Lieder geschwind.
Und als in der Nacht ein Wunder geschah,
da waren wir Engel unsichtbar da.

7. Engel

Der Stern hat seinen Schein geschickt,
wir haben das Kind im Stroh erblickt.
So ist im Stall das Wunder geschehen
und alle können zur Krippe gehen.

Das Sternenkind gibt jedem Engel eine kleine Kerze. Die Engelkinder entzünden ihre Kerzen an der großen Kerze. Dann singen alle gemeinsam mit den Gästen ein Weihnachtslied, zum Beispiel „Vom Himmel hoch, da komm ich her".

Weihnachtskonzert der Tiere

Ein Spielstück mit Instrumenten

Das Konzert der Tiere ist eine Versgeschichte, die mit einfachen, selbst gebastelten Instrumenten oder mit Teilen des Orff-Instrumentariums gespielt werden kann. Es ist für größere Gruppen geeignet und kann beliebig weiter ausgestaltet werden. Je nach Anzahl der Mitspieler können größere Kinder auch mehrere Rollen übernehmen. Der Erzähler ist zugleich auch der Spielleiter.

Rollen
Erzähler
9 Kinder in Tierrollen

Vorbereitung
Als Kostüme eignen sich einfache Utensilien. Ein Stück Seil als Schwanz für die Maus oder ein Hahnenkamm aus rotem Tonkarton genügen vollkommen. Leicht vorzubereiten sind Tiermasken, für die nur die Ohren aus Tonkarton geschnitten und an einen Tonkartonstreifen geklebt werden. Der Streifen kann mit Büroklammern auf den jeweiligen Kopfumfang der Kinder eingestellt werden. Als Instrumente werden eine Triangel, ein Regenstab, eine kleine und eine große Handtrommel sowie weitere Instrumente nach Wahl für Katze, Eule und Storch benötigt.

Durchführung
Die Kinder verkleiden sich als Tiere und suchen sich Instrumente aus. Sie stehen in einem Halbkreis, treten einen Schritt vor oder gehen auf und ab, wenn sie an der Reihe sind. Manche Tiere können durch Gesten dargestellt werden, der Storch zum Beispiel kann mit ausgestreckten Armen das Klappern seines Schnabels andeuten. Zu Anfang singen die Kinder auf die bekannte Melodie „Schneeflöckchen, Weißröckchen" das Eingangslied.

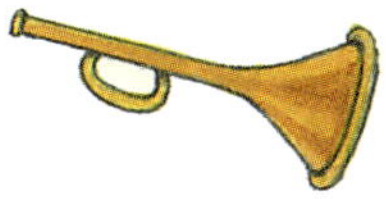

Lied der Tiere: Im Wald ist es leise

Melodie: Schneeflöckchen, Weißröckchen

Im Wald ist es leise,
kein Vogel mehr schnarrt.
Es schlafen die Tiere
unterm Schnee tief verscharrt.

Und es ruft auch kein Kuckuck,
keine Nachtigall singt.
Alle Igel sind verschwunden,
und kein Mäuslein mehr springt.

Doch nun wird es lebendig,
spitzt alle das Ohr.
Es spielen die Tiere
ihr Konzert heute vor.

Erzähler

Kommt mit uns in den Winterwald. Dort ist es ganz still geworden. Durch die kahlen Äste weht ein kühler Wind. Die Schneeflocken fallen sacht und zaubern einen weichen Teppich unter die Tannenbäume. Ab und zu wirft das Eichhörnchen ein paar Tannenzapfen von einem Baum. Alles scheint zu schlafen. Aber manchmal hält auch ein verschlafener Winterwald eine Überraschung bereit, denn heute wollen die Tiere ein Weihnachtskonzert geben! Manche Tiere sind deswegen aus ihrem Winterschlaf erwacht, andere sind von weither gekommen. Könnt ihr sie hören?

Die Maus mit einer Triangel

Hört doch dem Triangel gut zu,
ich weck euch aus eurer Ruh.
Zum Tierkonzert kommt 1-2-3
heut in den Winterwald herbei.

Der Hahn trägt stolz seine Hahnenkamm

Ich bin der Hahn, ich will euch wecken!
Kein Tier darf heute sich verstecken.
Beim Tierkonzert, so schön wie nie
macht jeder mit. – Kikeriki.

Der Hase rasselt mit dem Regenstab

Ich höre oft die Regentropfen
im Acker auf die Steine klopfen.
Dann kriech ich bei so schlechtem Wetter
unter die großen Kohlkopfblätter.

Die Eule ruft

Schuhu ich bin die Eule,
Ich heule schon von weit.
Ich schwebe lautlos rasch herbei
mit meinem weichen Federkleid.

Der Storch stolziert herum

Ich klippre, klappre laut – so horch,
ich bin der große weiße Storch.
Seht her, ich kann so fein stolzieren
und mit dem Schnabel musizieren.

Die Katze schmiegt sich an die anderen Tiere und führt einen kleinen Tatzentanz auf

Ich, Katze mit dem Wuschelschwanz,
ich zeig heut meinen Tatzentanz.
Nein, meine Pfoten sind nicht kalt,
wenn ich laut mauz im Winterwald.

Das Schaf blökt

Ich bin ein Schäfchen, 1-2-3,
ich trippele vom Feld herbei.
Ich blöke leis, so gut ich kann,
hört euch das Blökkonzert mal an.

Der Elefant begleitet seine schwerfälligen Schritte mit einer großen Handtrommel

Ich bin der große Elefant,
ich komme aus dem heißen Land.
Ich schlag die Pauke, bum, bum, bum,
da dreh'n sich alle Tiere um.

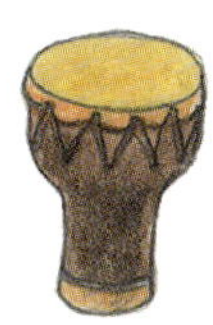

Der Bär ist noch sehr verschlafen und schlägt die kleine Trommel

Ich bin vom Winterschlaf erwacht.
Ich will dabei sein in der Nacht.
Ich schlag die Trommel, dass es hallt
weit durch den dichten Winterwald.

Während alle Kinder das Schlusslied singen, begleiten die Tiere das Lied rhythmisch mit ihren Instrumenten und ihren Tierlauten. Die Gäste stimmen mit ein.

Gemeinsames Lied: Im Wald ist' s nicht leise
Melodie: Schneeflöckchen, Weißröckchen

Im Wald ist's nicht leise,
Musik wird gemacht.
Es spielen die Tiere
in der kalten Winternacht.

Spielt alle, ihr Tiere,
und singt mit im Chor,
bald steht ganz weit offen
das große Wolkentor.

Die Schneeflocken rieseln
zur Erde ganz sacht.
So freut euch an den Klängen
zur Winternacht.

Mal laut und mal leise,
ein jeder spitzt sein Ohr.
Es spielten die Tiere
ihr Konzert heute vor.

Wovon Schneemänner träumen

Tanz der Schneemänner

Träumen vom Winter, von kalten Tagen, an denen die Sonne hell vom Himmel lacht, das gehört in der dunklen Jahreszeit zu unserem Alltag. Auch Schneemänner wissen, warum sie von frostigen Wintertagen träumen ... Dieses Spielstück ist bereits für kleine Gruppen geeignet, kann aber ebenso gut auch mit vielen Kindern aufgeführt werden, da die Rollen der Schneemänner auch mehrfach besetzt sein können.

Rollen
Erzähler
3 Schneemänner
Frau Holle

Vorbereitung
Die Kinder bekommen Kissen um den Bauch gebunden und weiße Tücher umgehängt, die in der Taille mit einer weißen Kordel zusammengebunden werden. Die Gesichter werden mit abwaschbarer Schminke weiß geschminkt. Der erste Schneemann bekommt einen schwarzen Hut, der zweite eine Zipfelmütze und der dritte trägt eine Pappnase, die aussieht wie eine Karotte. Frau Holle erscheint mit Häubchen und bunter Schürze und hält ein Kissen oder Federbett in den Händen. Für die Schneelandschaft können weiße Tücher über Stühle gehängt werden. Außerdem werden drei weiß bezogene Kissen als „Wolkenkissen" gebraucht.

Durchführung
Für den Tanz der Schneemänner kann das Lied „Schneeflöckchen, Weißröckchen" vom Kassettenrekorder eingespielt werden. Es können aber ebenso gut auch die ersten Strophen dieses sehr bekannten Liedes zusammen mit den Zuschauern gesungen werden. Besonders stimmungsvoll ist es, wenn zu Beginn und am Ende eine Strophe nur leise gesummt wird.

Erzähler

Endlich hat es tüchtig geschneit. Die Kinder haben vor dem Haus aus Schneekugeln viele dicke Schneemänner gebaut und sie mit Hüten, Rübennasen und Besen prächtig geschmückt.

1. Schneemann zeigt sich stolz

Seht mich schönen Schneemann an
mit dem weißen Rock.
Ich trage einen schwarzen Hut
und einen dicken Stock.

2. Schneemann reckt sich

Seht mich kleinen Schneemann an,
ich stehe vor dem Haus.
Ich seh mit meiner Zipfelmütze
wie ein richtiger Schneezwerg aus.

3. Schneemann zeigt seine Rübennase

Seht mich armen Schneemann an
mit meiner Rübennase.
Doch wehe, wenn ein Rabe kommt
oder ein frecher Hase!

Erzähler

Aber nun scheint die Sonne jeden Tag etwas wärmer. Und vor der Sonne haben doch Schneemänner die allergrößte Angst! Am liebsten würden sie in ein Land umziehen, wo es richtig schön kalt ist!

1. Schneemann

Doch wenn der Tauwind weht,
dann macht es leise tropf, tropf, tropf.
Auf den Rücken, auf den Bauch
und auf unsern Kopf.

2. Schneemann

Vor der Sonne hab ich Angst
und vor warmen Winden.
Wenn's uns an den Kragen geht,
müssen wir verschwinden.

3. Schneemann

O – ich möcht am Nordpol sein,
tief in Eis und Schnee.
Da tut uns die warme Sonne
sicher nicht mehr weh.

1. Schneemann

Kommt, lasst uns ein bisschen schlafen,
träumen wir uns fort.
Und wir wachen fröhlich auf
an einem kalten Ort.

Das Licht wird verdunkelt, damit die Schneelandschaft aufgebaut werden kann. Die Schneemänner setzen sich auf weiße Wolkenkissen. Wenn das Licht wieder heller wird, tritt Frau Holle auf.

Frau Holle

Willkommen hier im Winterland,
hier wächst kein Gras, kein Baum.
Hier könnt ihr tanzen und euch freu'n
an eurem Wintertraum.

Das Lied „Schneeflöckchen, Weißröckchen" erklingt. Die Schneemänner stehen auf und tanzen traumverloren umher. Ihr Tanz sieht etwas plump aus, weil kugelrunde Schneemänner sich nicht so schnell bewegen können. Sobald die Musik zu Ende ist, singen die Schneemänner drei weitere Strophen auf dieselbe Melodie.

Lied der Schneemänner:
Wir dreh'n uns im Tanze

Melodie: Schneeflöckchen, Weißröckchen

Wir dreh'n uns im Tanze,
unser Weg war so weit.
Und wir freu'n uns an den Flocken
in der schönen Winterzeit.

Wir werden nicht müde
und uns ist auch nicht heiß.
Der Wind bläst von Norden,
schickt uns Schnee und auch Eis.

Wer will mit uns tanzen,
so reicht uns die Hand.
Und wir wiegen und drehen
uns im Schneewunderland.

Die Schneemänner fordern Kinder und Erwachsene aus dem Publikum auf, mit ihnen zu tanzen. Alle summen dieselbe Melodie. Wer das Lied vom Kassettenrekorder einspielt, kann es zum Abschluss des Stückes wiederholen.

Winterzauber überall

Gedichte und Spielszenen für Wintertage

Alle träumen von der „Weißen Weihnacht" und verschneiten Wintertagen. Der Zauber dieser Jahreszeit fasziniert Groß und Klein. Wintergedichte und Spielszenen eignen sich für kleinere Kinder zum Vorlesen und Mitspielen, für größere Kinder zum Auswendiglernen und Vortragen.

Im Winter

Der Winter ist ins Land gezogen,
er ist so kalt und weiß.
Er zwickt und zerrt uns an den Ohren
und bringt uns Frost und Eis.

Dem Fuchs, den packt er in das Fell
und beißt ihm in das Bein.
Die schwarzen Raben auf den Ästen,
die hört ihr hungrig schreien.

Das macht uns Kindern gar nichts aus,
das wäre ja gelacht!
Nun holt doch schnell den Schlitten!
Bahn frei und Platz gemacht!

Einen großen Schneemann bauen

Komm, hilf mit und roll die Kugel,
morgen kann es ja schon tauen.
Darum wollen wir noch heute
einen großen Schneemann bauen.

Teddys im Schnee

Kuscheltiere als die liebsten Begleiter und Vertrauten vieler Kinder können beim Erleben der Winterzeit mit einbezogen werden. Zwei Kinder tragen ihre Teddbären auf dem Arm, während sie sprechen.

1. Kind

Seht meinen lieben Teddy an,
was ich von dem erzählen kann.
Der hat geniest die ganze Nacht,
da bin ich sehr oft aufgewacht.

2. Kind

Auch meinem Teddy ging es schlecht – o weh,
der saß nämlich gestern lange im Schnee.
Wir haben einen Schneemann gebaut,
und die Teddys haben zugeschaut.

1. Kind

Sie haben auf unserem Schlitten gesessen,
und leider haben wir sie dann vergessen.
Mond und Sterne guckten schon raus,
da holten wir sie endlich ins Haus.

2. Kind

Nun nehme ich den Teddy lieb in den Arm,
im Bett, da ist es kuschelig und warm.

1. Kind

Ich flüstere dem Teddy sanft in sein Ohr:
„Das kommt bestimmt nie wieder vor!"

Tierkinder im Winter

Wenn der Winter Einzug gehalten hat, kuscheln sich die Tiere zusammen und suchen Wärme. Auch die Pflanzen machen sich klein und warten geduldig, bis ein warmer Sonnenstrahl sie wieder aufweckt. Dieses Spiel bringt eine ruhige, entspannte Atmosphäre in die Kindergruppe, den Spielkreis oder die Familie. Vier Kinder schlüpfen in Tierrollen, ein Kind ist das Blumenkind. Die Kinder sitzen auf einer weichen Unterlage. Ältere Kinder können den Text selbst sprechen, kleineren kann er vorgelesen werden. Am Ende der Ruheszene kann ein leiser Triangelschlag oder ein Glöckchen das Erwachen und Munterwerden einleiten.

Das Mäusekind rollt sich zusammen

Ich bin ein kleines Mäusekind,
draußen weht der kalte Wind.
Ich schlaf in meinem Winternest
bis zum Frühling tief und fest.

Das Bärenkind kuschelt sich an ein anderes Kind

Ich bin ein kleines Bärenkind,
ich kriech in die Winterhöhle geschwind.
Ich kuschel mich in Mamas Arm,
der Pelz riecht gut und hält mich warm.

Die Fledermaus macht sich klein

Ich bin eine kleine Fledermaus,
ich ruh mich in der Scheune aus.
Am Balken kann ich mich verstecken,
es wird mich niemand dort entdecken.

Das Käferkind liegt zusammengerollt und streckt sich dann

Ich bin ein roter Käfer klein,
ich schlaf in der Rindenritze ein.
Und steigt die Sonne übers Dach,
dann kitzelt sie mich ganz sanft wach.

Das Blumenkind streckt sich aus einer Kauerstellung

Ich bin eine braune Knospe klein,
ich schlaf am harten Aste ein.
Doch wenn die Frühlingssonne lacht,
dann bin ich fröhlich aufgewacht.

Drei Könige aus dem Morgenland

Die Legende von den Heiligen Drei Königen

Die Legende von den drei Weisen aus dem Morgenland, die in der Weihnachtsgeschichte die Heiligen Drei Könige genannt werden, ist bei Kindern sehr beliebt. Der Zug der Drei Könige kann mit Schellentrommeln, Triangel und Glockenspiel begleitet werden.

Rollen
Erzähler
3 Könige: Kaspar, Melchior und Balthasar

Vorbereitung
Die Könige tragen Kronen, die aus Tonkarton geschnitten und mit Krepppapier in drei verschiedenen Farben beklebt sind. Für die Königsmäntel sollten Stoffe in leuchtenden Farben verwendet werden. Es genügen einfache Umhänge, die am oberen Rand so gekräuselt sind, dass ein breiter Kragen entsteht. Eine Papprolle, mit Hologrammpapier beklebt, ist das Fernrohr.

Durchführung
Der Erzähler steht an einer Seite der Bühne und eröffnet das Spiel. Dann treten die drei Könige gemeinsam auf und singen auf die bekannte Melodie „Es ist für uns eine Zeit angekommen" das Lied der Heiligen Drei Könige. Während des Liedes schreiten sie würdevoll über die Bühne. Dann bleiben sie stehen, schauen abwechselnd durch das Fernrohr und verfolgen den Lauf des hellen Sterns. Sie sprechen langsam und bedächtig. Beim gemeinsamen Abschlusslied können sich alle Kinder dem Zug der Könige anschließen.

Erzähler

Die Weihnachtsgeschichte erzählt, dass drei weise Männer, die in einem fernen Land lebten, einen besonders hell leuchtenden Stern am Himmel gesehen haben. Sie hatten in alten Schriften von der Ankunft eines Königs gelesen, der Frieden in die Welt bringen wird. So haben sie sich aufgemacht, um das neugeborene Königskind zu suchen.

Lied der Könige: Wir Könige wandern fort

Melodie: Es ist für uns eine Zeit angekommen

Es ist für uns eine Zeit angekommen,
da leuchtet uns ein heller Stern.
Und wir wandern immerfort,
wandern fort, wandern fort,
suchen unseren neuen Herrn.

Es ist für uns eine Zeit angekommen,
der Stern, er leuchtet am Himmelszelt.
Der Weg führt weit durch Stein und Sand,
Stein und Sand, Stein und Sand,
führt uns dann zum Herrn der Welt.

Melchior hält ein Buch und blättert darin

Ich suche in Büchern Tag für Tag,
was solch ein Stern bedeuten mag?
Er läuft voraus, er steht nicht still,
was dieser Stern wohl von uns will?

Balthasar zeigt den Stern am Himmel

Es strahlt am Himmel hell sein Schein,
wir ziehen durch Wüsten, Sand und Gestein.
Das ist ein Stern, von Gott gesandt,
er führt uns in ein fernes Land.

Kaspar blickt durch das Fernrohr

Seht nur, dort ist der Stern!
Ich sehe ihn deutlich, ich sehe ihn gern.
Er leuchtet so hell, wir wollen gleich gehen,
um das Kind in der Krippe selber zu sehen.

Melchior

Auch ich habe den hellen Stern gesehen,
er sagt uns, ein Wunder ist geschehen.
Der Weg ist lang, doch es führt uns sein Schein
nach Bethlehem in den Stall hinein.

Alle drei Könige

Wir folgen dem Stern, wir bleiben nicht stehen,
wir wollen das Kind in der Krippe sehen.

Lied der Könige: Seht das Kindlein

Melodie: Es ist für uns eine Zeit angekommen

Es ist für uns eine Zeit angekommen,
der Stern, er bleibt nun stille stehen.
Seht das Kindlein dort im Stall,
dort im Stall, dort im Stall,
lasst uns hin zur Krippe gehen.

Impressum

Barbara Cratzius war fast dreißig Jahre als Grundschullehrerin tätig. Sie hat außerdem Kinderchöre geleitet und viele Märchen und selbst geschriebene Singspiele mit Kindern aufgeführt. Ihre Ideen und Erfahrungen sind in zahlreichen, sehr erfolgreichen Büchern für Kinder, für Eltern und für Erzieherinnen veröffentlicht.
Barbara Cratzius hat für dieses Buch ihre schönsten Spielstücke für die Advents- und Weihnachtszeit zusammengestellt.

Clara Suetens lebt mit ihrer Familie in Antwerpen. Sie ist Dozentin an der Akademie der Künste Antwerpen und illustriert Kinderbücher für namhafte Verlage in Belgien, Deutschland und den Niederlanden. Ihre besondere Liebe gehört der Darstellung von Kindern sowie Tiergeschichten und Märchen.

Printed in Belgium

ISBN 3-419-53598-8

Illustration: Clara Suetens

Coverfoto: Ursula Markus

Umschlaggestaltung und Layoutentwurf:
Uwe Stohrer Werbung, Freiburg

Layout und Gesamtproduktion:
Uwe Stohrer Werbung, Freiburg

Herstellung: Proost, Turnhout 2001

Hier zeigen wir Ihnen eine Auswahl unserer beliebten und erfolgreichen Bücher – und wir haben noch viele andere im Programm. Wir informieren Sie gerne, fordern Sie einfach unser Verlagsprogramm an:

3-419-52933-3

3-419-52932-5

3-419-53432-9

3-419-53585-6

3-419-52918-x

3-419-53762-1

Bücher für Erzieherinnen, Eltern und Kinder

Bücher für Eltern und Familie

Bücher für Kinder

Bücher für ihre Hobbys

Wir sind für Sie da, wenn Sie Fragen haben. Und wir interessieren uns für Ihre eigenen Ideen und Anregungen. Faxen Sie, schreiben Sie oder rufen Sie uns an.
Wir hören gerne von Ihnen!

Ihr Christophorus-Verlag

CHRISTOPHORUS

Hermann-Herder-Straße 4
79104 Freiburg i. Breisgau
Telefon: 0761 / 2717 - 268 oder
Fax: 0761 / 2717 - 352